JN436963

가을이 오면 언제나

정홍도 시집

月刊文學 출판부

| 시인의 말 |

내가 시를 외면했는가!
시가 나를 배신했는가!
기울어져 가는 서녘의 노을을 바라보는 나그네의 독백이
빈 나뭇가지에 걸린 달빛처럼 처연하다
세상과 삶의 질곡에서 벗어나지 못한 채 말라 버린 심상(心想)
누가 알아 줄까마는 오랜 절필의 시간이 흐르고
어디서 불어오는 바람인가
그 바람이 시작 노트를 넘기고 나는 키질을 했다
망설이다 또 주저하다 가을이 오면 언제나라는 이름으로 시집을 엮었다
서툰 글 솜씨 부족함에 부족함을 더하는 것 같아 마음 쓰인다.

2014 년 가을 수원 寓居에서
정 홍 도

차례

2

3

4

5

| 작품해설 |

1

장독대

춤이 긴 항아리 어깨에
고즈넉이 흐르는 유약 빛깔은
어머니의 묵은 세월이었습니다
쓰임 따라 키도 운두도 다른 질항아리
어머니 손맛을 담고
사계(四季)의 바람에 삭히는 장독대는
쌀독 버금가는 당신의 애중(愛重)이었습니다

빗물만 찰랑인 채 하늘 비치는
그 자리 있는 것만으로도 좋았던
내 유년의 장독대
소래기에 받힌 정화수 사발에 소원의 달이 뜨고
까닭모를 시름 뱉어낸 어머니
당신의 노정이 그곳에 묻어 있음을 알았을 때
나는 철이 들었습니다

검댕이 주렁주렁 달린 부엌 뒷문 열면
어머니 발자국 소리 기다리듯
선홍빛 봉선화 장독대 울타리가 길을 열었지

당신이 가시고 먼 훗날
지금은 세월의 무게에 사금파리 조각만
흩뿌려진 빈 터에서
당신의 기억을
하나 둘 주워 봅니다.

고향 친구

개방의 파고에 지쳐 버린 친구는
한숨이 나보다 많다
도심에 소 떼 풀어 놓고
고개 숙인 볏논 갈아엎고
볏가마니 불태워 제 살 깎이며
나보다 눈물이 많다

어쩌랴
피보다 진한 머리띠를 벗고
이지러진 꿈 다시 도닥여
아픈 생채기에 새살을 채우자
수선스럽지 않더라도 미쁜
들꽃 소꿉친구들이여
길이 없을 것 같아도
고봉(高峰)을 오른 사람은 있느니.

나그네 되어

무심히 흘러 버린 세월에 냇물도 변해
반짝이던 모래톱은 어디로 가고
물때에 찌든 강돌만
널브러진 수초 속에서 엉두덜대는데
유년의 발자국이 묻은 징검다리 위에
물새 한 마리 날개를 접고 앉아 있네

연초록 지고 일어나는 앞뒷산
장끼는 봄기운을 못 이겨 울고
짙푸른 독새풀 깔고 누인 못자리는
비닐 벗기를 기다리는데
누가 꽃잎을 저리도 깨물어 놓았을까

사라진 자운영이 다시 찾아와
진달래 꽃물로 일렁일 줄이야
꽃잎에 맺힌 선혈의 빛깔이
잔잔한 너울 되어
고향 나그네 그리 반길 줄 몰랐네.

민속마을 앞에 서면

처마자락엔 참새가 살고
지붕 속에는 굼벵이랑 구렁이도 살았지

천장에선 밤마다 쥐들이 북새통을 치는 소리
잠을 설치고
쥐 오줌에 절여 내려앉은 천장에 마음 쓰여도
노랑 호박꽃으로
하얀 박꽃으로 덮고 살던 초가지붕이 보인다

등이 굽도록 가을 거두고 나면
소슬바람에 손거스러미 일어
열 손가락 다 아려도
토담 양지쪽 구석에 앉아 이영을 엮고
용마름 트시던 아버지 모습도 보인다
민속마을 앞에 서면.

냇가

달이
달맞이꽃 피기를 기다렸나 보다

냇둑 따라 무리 지은 달맞이꽃
수줍은 꽃잎 위에
달빛이 노랗게 부서지고
냇물은 소곤소곤
조약돌 핥는 소리
별 하나 내려와 출렁인다

풀벌레 소리도 지친 밤
둑길에 가로등 불빛
수면 위에 긴 느낌표를 던지고
은어 떼 물보라 하얀 바람에
피어오른 물안개에
잊힌 얼굴들 실루엣으로 뜬다.

지금은 다 무얼 하는고?

강바람에 머플러 날리며 꿈도 많았지
작은 제비꽃 향기에도 두 볼이 수줍던 너
그리고 나
갈대 서걱이는 소리에도 가슴 젖던 나
그리고 너
그때는 헤어지면 아주 못살 것 같았지
하지만 질긴 삶의 질곡이
무심한 세월의 무게가
서로를 먼먼 뒤안길로 까맣게 떼어 놓고
그리움에 그리움만 가슴에 쌓은 채
뒷동산 산마루 억새머리 날리듯
혼자서 속으로 울 줄이야
살다 보니 살고 보니
만나지 못한 그리움은 아픔이었고
오가지 못한 기다림은 슬픔인 것을

그 고향
누가 이제 와 내 이름으로 나 기다릴까마는
영산포역 대합실 연탄불은 꺼지고

창 밖에 송이눈 쌓이는데
서울행 밤 열차 발 시리며 기다리던
그때 그 사람
낯은 설고 뼈 시렸던 타향의 사연들 주름에 감추고
그간 눈시울에 젖은 그리움 하나 둘 새기며
구절초 흩날리던 백년산
내 고향 동강으로 가고 있다
영산강
몽탄강
굽이굽이 푸른 물을 건너고 있다.

신작로

어머니 밭일 가시던 질경이만 밟힌 길
아버지 논일 가시던 띠풀만 무성한 길
산딸기 덤불에 뱀이 나오던 내 유년의 길

그 농로(農路)는
풀짐을 지고 나뭇짐을 지고
소를 앞세워 쟁기를 지고
오일 장날 한잔 술에 석양을 지고 돌아오던 길이었지

이제 와
아스팔트에 묻혀 버린 그 옛길
가슴에 맴도는 것은 왜일까.

지금 그곳은

물방아
디딜방아
실타래 잣는 물레 소리 사라지고
잘그락 잘그락 보디 당김 소리도 없다

오뉴월 긴긴 해 빈 집 지키는 제비도
종종종 앞뒤뜰 노랑 병아리 떼도
홰를 쳐 새벽을 여는 수탉 울음도 없다

앞동산 뒷동산엔 납골묘지만 늘어나고
안부조차 전할 사람 없는 지금 그곳
주름진 당산나무만 꼭
그 자리에 서 있네.

새벽을 여는 사람들

어스레한 빛에 젖은 아파트 숲이
별 몇개이고
24시 편의점의 고단한 불빛이
혼자서 졸고 있는데
버려진 개, 집 잃은 고양이가 어둠에 기대어
쓰레기 봉지를 뒤적입니다

마른 입술 차갑게 스치는 바람에
가로수 낙엽을 쓸고 있는
저 미화원은 누구의 아버지며
무겁게 수레를 끌고 어두운 골목길을 더듬는
저 우유배달은 뉘 아이의 엄마며

신문더미 무게에 기울어진 어깨로
고층 승강기를 오르내리기에 바쁜
저 어린 가장은 뉘 자식이며
낮은 교회당 첨탑 위에
저 높이 밝힌 십자가를 안고
눈물로 기도하는 창문에 비친 실루엣

그 사람은 누구입니까

닭 울음 없어도 풀어진 눈꺼풀을 비벼대며
바람이 불고 눈비 내려도
새벽을 열어야 하는 까닭이 있는 사람들 때문에
우리 행복합니다.

내 고향 연가

1

누리에 고운 빛
쪽빛 나래 남쪽 바다
너 없이는 나도 없을 붉은 입술 동백꽃
언제나 따사로워 그리운 내 고향

진남관 용마루에 서린 충무의 넋
오늘도 망해루 넘어 바다 지키고
섬과 뭍이 손잡는 돌산대교는
먼 바다 소식에 가슴 설렌다

서녘에 해는 저물어
오동도 등대 이마에 불 밝히면
항구의 가로등 불빛 바다에 눕고
향일암 종 소리에 꿈꾸는 내 고향

2

금오산 바위벼랑
새벽 종 울면

멧새도 동박새도 이슬을 털고
수평선 지고 일어나는 일출을 기다리는데

밤새 도란도란
오동도 시누대 숲
무슨 사연 그리 많아 쉼 없이 서걱대는가!

매화마을 소고

여린 봄볕
매화나무 가지에 앉으면
하얀 튀밥처럼 부푼 꽃망울
매실의 명인 치맛자락 스치는 소리에
꽃잎은 화심을 열고

강바람 일어
그윽한 매향 천리
섬진강 물굽이도 푸르러
만 객의 수선스런 꽃맞이가 시들고 나면
고즈넉해진 산촌은 초록 매실을 살찌우고

강변 밀 보리 맥랑으로 수런대면
마당 가득 질항아리 매실 괴는 소리
섬진강에는 손톱만한 재첩이 살고
도사리*에는 매화가 산다.

* 도사리 : 광양시 다압면 매화마을 소재.

봄나들이

1
운봉들 논배미 배미마다
흰 구름 뜬 하늘이 찰랑찰랑
바래봉 철쭉은 놀빛이다

2
봄 향기 물씬 젖은 나물 보따리에
나비 한 마리 얹혀 간다
골 깊어지는 할머니 목주름도 모른 채

3
속살도 따스한 5월
아카시아 치렁한 꽃송이엔
벌 나비 쌍쌍

빈 숲을 메우는 녹두빛 기운에
까투리 부르는 장끼의 목청 카랑카랑

산허리 감아도는 계곡물엔
진분홍 개복숭아 꽃 그림자 아롱아롱.

산장에서

구절초 마지막 향기도 시들고
이미 어둠 내린 숲속 길
가을비에 젖은 낙엽은 허허롭고

소슬바람에 내 가슴 휑한 구멍
커질수록 나는 작아지고
영혼의 울음소리는 커져만 간다
이 늦가을 밤에.

히말라야를 넘는 달

저리도 큰 달을 머리에 이어 본 적이 없습니다
달이 나에게로 내려와서가 아니라
내가 달 가까이 살고 있기 때문입니다

저리도 시린 달빛을 가슴에 심어 본 적이 없습니다
바람이 저 달을 닦아서가 아니라
내가 구름 위에 살고 있기 때문입니다

달빛에도 풀잎이 눕는 줄은 몰랐습니다
나뭇잎은 나뭇잎끼리 더 짙은 윤기를 발하고
꽃들은 달빛에 젖어 요염한 밤을 수놓고 있습니다

창문을 밀고 들어오는 도도한 달빛
곤한 잠 깨워 뒤척이게 하는 저 달을
나는 아무래도 말릴 수가 없습니다

이글거리는 해만 눈부신 줄 알았습니다
소나기처럼 창문을 두드리는 저 달빛
차마 쳐다볼 수 없는 이 밤은 밤이 아닙니다.

2

산촌 들녘

5월의 밀보리 향기
청모죽 옛 생각에
절로 나온 남도타령
보리밭 까투리가 놀라 푸드덕
내 가슴 놀래 놓고 어디로 가나

산도
물도
들녘도 예나 다름없는데
써래질 논배미에 이는 잔물결
이제는
어머니 닮은 내 주름이 일렁인다.

화양계곡

절벽 난간 잡고 피워낸
보랏빛 한 송이 도라지꽃이
매미 소리 마지막 기승에 온몸을 떠는데
화양구곡(九曲) 반석 위에
노을에 젖은 금비늘 물살
여울목을 휘저어 어디로 가나

바위가 바위를 이고 또
그 바위가 노송 한 그루 품고
구름 따라 가고파도
산이 있어 가지 못하네

나 여기 오라는 이도
반겨 줄 사람도 없는데
발은 여울물에 담가 놓고
마음은 바위산에 올려놓고
어이 돌아갈 줄 모르는가.

봄날에는

여린 봄볕에 풀씨 깨어나
연초록 바람으로 일어나면
나른한 아지랑이 논둑 따라 하늘하늘

찰랑이는 논물에
소리도 없이 찾아온 물방개
하루 종일 동그라미만 그리고
긴 다리 소금쟁이는
물 위에 떠가는 흰구름만 쫓누나.

빈 산촌

때까치가 운다 대숲에서

시멘트 덧씌운 고샅도
산기슭에 옹기종기 슬레이트 지붕도
세월보다 무거운 검버섯이 피고
처마엔 거미집만
거미도 없다

언제부턴가 마당은
명아주, 강아지풀, 망초가
저리도 무성하고
아이 하나 뛰노는 그림자도 없다

무심한 세월에 고향마을은 낯설고
굽이굽이 푸르던 앞냇물
뛰놀던 은어 떼는 어디 가고
무성한 수초만 바람에 흐르는데
물잠자리 한 마리 맴을 돈다.

계절의 문턱

갈색 물 짙은 바람이
내 가슴 한 구석에 둥지를 틀면
귀뚜리 랩소디마저 처연하고

빈 나뭇가지에 걸린 소소한 마음은
찬이슬 달개비 꽃빛깔보다 짙구나!
그것이 차마 계절의 아픔인 것을.

봄이 오려나?

복수초 신열에 노루귀꽃 망울 고개 들면
돌단풍 실눈으로 한 모금 물을 찾아
바위틈 더듬는 소리
산허리 덮인 눈도 스러지겠지

쩡쩡 얼음이 계곡의 침묵을 깨면
여울목 버들개지도 깃털을 세우고
무당개구리 도롱뇽 까만 씨눈에도
더운 피 돌겠지

꽃샘바람 없는 우리의 봄이여 오라.

가슴앓이

뒹굴려져 가는 낙엽에 묻어나는
세월 먼 지난날의 생채기
휑한 내 가슴에 뚫어 놓은 소슬바람에
병인 양 찾아오는 가슴앓이

누가 지나간 것은 그리워지리라 했나

가을 접는 풀벌레 소리에 묻어나는
세월 먼 지난날의 못다 한 사연
휑한 내 가슴 적시는 찬비에
병인 양 찾아오는 가슴앓이

누가 추억은 아름다운 것이라 했나.

상수리 한 알

오솔길 따라 산모롱이 돌아간다
툭! 누가 내 어깨를 칠까
뒤돌아봐도 아무도 없는데

갈색 상수리 한 알
발 아래
또르르 구르고
어깨 위에 떨어진 그 인연을
비탈에 멈춘 내 그림자가 줍고 있다

억새꽃 바람 끝에 더 희어지는
그 산모롱이 돌아가다가.

붓꽃

곧추세운 연초록 아이리스 꽃대
간밤 이슬에 밀어올린 보라색 립스틱!

바이올렛 제비꽃보다
코발트블루 하늘빛보다
더 짙은 붓끝!

떠가는 한 점 구름을 그릴 거나
그리움 담긴 편지를 쓸 거나

목마른 나비 한 마리 붓 끝에 앉아
꽃잎 피우기를 기다리는데
연못가 아지랑이는 눈 시리고.

가을이 오면 언제나

늦가을 달개비꽃 하늘빛 따라 짙어지고
가로수 이파리 커피 냄새 짙어지면
애틋한 귀뚜리 울음 하얀 달빛에 젖는다

창문 덜걱이는 소슬바람 일라치면
주마등처럼 스치는 뒤안길 내 사연
무심히 뜯어낸 손거스러미처럼 아리다.

새벽 산행

하나 둘 새벽 별들은 사위어 가고
만삭의 정월 보름달은
삭정이 끝에 흔들리고 있다

나뭇잎 하나 없는 하얀 숲 속
어디서일까
억새의 울음도 산짐승의 뒤척임도 아닌데
청령포에 쌓인 단종의 한
빈 숲 속 헤매는 소리일까!
입김 서린 눈썹에 고드름을 달고
가르랑 가르랑 오른 천제단

어디서 온 바람인가
산마루 눈을 쓸어 휘몰아 부치는 강풍에
몸 가눌 수 없는데
단군의 근엄한 음성인 듯 환청의 귀 울음인 듯
천제단은 바람이 사는 곳이란다

먼동이 트는 해오름에

태백산 줄기마다 기지개를 펴고
죽어도 천년을 산다는 주목의 허연 뼈들이
제 머리에 서린 눈꽃을 털어낸다

간밤 매운 바람에 울던 철쭉 숲에서
멧새 한 마리 푸드덕
늦봄이면 철쭉꽃이 너울져 핀다고 찌르르.

알밤 하나 줍다가

엉덩이만한 저수지
떨어진 이파리 몇
제 몸 풀어 가을 물을 들이고 있다

산기슭 다랑이논 모롱이
길섶 들어설 때
툭! 발 아래 떨어지는 알밤 하나

한껏 반가움에 무심코 집어들 때
우연히 마주한 서글서글한 눈빛에
굽혔던 허리 곧추세우고
칡덩굴 제치며 오르는 오솔길

행여 그 착한 눈빛 다람쥐가
그 알밤 주워 갔을까
가만히 뒤돌아본다.

3

바다

바다는 그대의 슬픈 눈물
당신의 망망한 그리움
나의 외로운 기다림
바다는 누구나 그렇게 사연 젖은 편지.

섬마을에서

잊지 못해 찾아온 섬마을
동백꽃 잎에 소복이 눈 내리는 밤
파도와 나눈 긴긴 이야기
눈을 뜬 아침에야 꿈인 줄 알았네

서성이던 그 여름날의 해변
그 하얀 예쁜 새 한 마리
끼르륵
뜻 모를 단어 한 마디 남기고
어디로 갔나!
어디서 사나!

막배로 떠난 배
첫배로 온다기에
차가운 갯바람 입김으로 달래며
선착장에 나 홀로 밀물 때만 기다리네.

등대지기 아내

막배 돌아서는 뱃머리에 서서
뒤돌아 흘린 당신의 눈물을
나는 보았습니다

뱃고동 소리는 서녘 수평선 노을에 스미고
당신을 배웅하는 선착장엔 너울이 달려와
빈 가슴 채웁니다

떨어져 살자고 맺어진 인연은 애당초 아니었지만
나 부모님 곁 떠날 수 없고
당신의 이름은 먼 바다 등대지기

만나는 기쁨보다 헤어지는 아쉬움 긴 우리
서로의 앞모습보다 뒷모습에 익숙한 우리

오늘 이 밤도 당신이
등대 불빛 검은 바다에 던지고 있는 이 시간
잠은 안 오고, 나
먼 먼 등대섬에 그리움의 메시지를 띄웁니다.

여기는 영흥도 해변

수평선 자락에 떠 있는 섬 하나
저 멀리 어슴푸레 섬 둘
찰싹찰싹 저미는 밀물은
먼 바다 소식으로 갯벌을 덮고
서녘 노을에 젖은 물살
동백꽃보다 짙누나

바닷새 어디로 가고
홀로 걷는 장경리 해변
빈 발자국만 나를 따라오고
모래사장에 새겨 놓은 그리움 하나
파도는 차마 지우지 못해
뒷걸음만 치누나.

물 위에 사는 사람들

호수 톤레삽*은 바다다
세상에서 두 번째로 큰

호반을 따라 수상가옥들이
야자수 잎으로 하늘을 가리고
검댕이 찌든 냄비가 가난을 끓이고
소금절이 물고기 몇, 꼬드러지고 있다

호수에서 아침을 열고
호수에서 노을을 맞고
황토물빛 너울에 그물을 던져 살아간다

발 한 짝 딛고 설 내 뭍이 없어
호수가 고향이요
무덤이 호수인 수상마을 사람들
너울이 등을 밀어도 물 위에 등을 눕히고
이 밤도 호수에 내려온 별을 줍는다.

* 톤레삽 : 캄보디아에 속한 호수.

바닷가에 서서

내가 너를 좋아하는 이유
강물도
냇물도
추녀 끝 빗물까지도 받아내는
한량없는 그릇이라서

내가 너를 그리워하는 이유
가장 낮은 곳 언제나 거기 있어
아픔도 눈물도 다 보듬어 주는
가슴 큰 여인이기에

내가 너에게 가는 이유
섬을 안고 배를 띄우고
끼룩끼룩 갈매기 모아 울어 주기도 하고
내 가슴 응어리 풀어 주는
저 쉬지 않은 해조음 때문.

바다와 어머니

청상의 무게를 태왁에 띄우고
깊은 자맥질에 차오른 숨자락을
휘파람으로 뱉어낸 어머니
그것이
유복자의 뒷바라지를 위한 삶의 길인 줄을 몰랐습니다

수평선 자락에 먼동이 트기 전
정화수 사발에 출렁이는 어머니의 치성
그 정성이
고기잡이 나가 불귀가 된 아버지를 위한
청승인 줄로만 알았고

수평선에 해 떨어지고 달이 오르면
장독대 위에 촛불을 켜고
두 손을 모으시는 어머니의 치성
그것이 등대지기 아들을 위한 정성인 줄을 몰랐습니다

이제는 뼈마디가 쑤시고 손발이 저리고
한숨조차 가늘어진 어머니

어쩌다 어머니가 몸져누우실 때면
밤이슬이 대신 빈 사발을 채웁니다.

해안 따라 걷는 길

갈 곳도 오라는 사람도 없이

녹슨 철선은 함구미* 선착장에 나를 두고 떠나고
나도 나를 떠나 해안길을 걷는다

바닷바람에 머리카락 마냥 흩날리고
해안선 싸리꽃은 더 짙은 자줏빛 눈맞춤
무성한 칡덩굴 머리를 들고 내 갈 길 묻는다

섬들로 점을 찍은 망망한 바다를 앞세우고

왔다 가기를 반복하는 되돌이표를 붙인
갯바위에 부서지는 파도 소리 벗삼아
나는 나를 떠나 걷는다

하염없이 시름도 없이 터벅이는 발길
비탈진 방풍밭 김매는 아낙의 남도타령에 취해
하룻밤 쉬어 가기를 청해 본다
이내 서린 놀빛이 서녘을 적시고

갈매기도 침묵인 시간
베갯잇까지 젖어든 파도 소리
그 밤
내 밤이 거기 있는 줄 몰랐다.

* 함구미 : 여수시 남면 금오도 소재.

안개 짙은 궁평항

오라고
오라고 해 놓고
짙은 해무에 발 묶인 고깃배는
출항을 못해 볼멘소리뿐

오라고
오라고 해 놓고
방파제 철책에 걸쳐진 숭어새끼 몇
안개 젖은 갯냄새뿐

오후가 기우는데도 경보는 그대로
해안에 버려진 녹슨 닻은
안개 속을 자맥질하고
낡은 폐선은 먼 바다 소식을 기다리는데

날갯짓도 보이지 않은
거친 갈매기 소리……

나 홀로
빈 소주잔에 안개만 채우고.

4

플라멩코

집시의 핏속에는 자진모리 가락이 없다
시작도 맺음도 휘모리장단이다

현란한 발구름
그것이 연정의 발작이라면
허공을 가르는 손뼉 장단은
애련의 아픔이요
곧추선 몸짓에 파르르 일어나는 경련은
유랑의 설움이려니

플라멩코는
모퉁이 돌아가는 가눌 수 없는
바람꽃이다
샹그리아 와인에 피어나는 정열이다
갈색 젖가슴에 흐르는 땀줄기에
무희의 물방울 드레스가 함초롬 젖는
비바람 꽃이다

길 없는 길을 유랑하는 휘모리의 무희
집시는 이 자투리 밤을 어디서 지새우나.

앙코르 사원 가는 길

생면부지 이방인을 아빠라고 부른다
땟국에 저린 액세서리를 내밀며
고사리 손으로 원 달러를 애원하는 그 눈망울
잃어버린 가족은 찾을 길 없고
지뢰에 팔다리를 날려 버린 상흔
내 유년기의 6·25가 거기도 있는 줄 몰랐다

이념도 사상도 모른 채 몰살된 영혼들
아직도 거두지 못한 지뢰밭을 헤매고
정글 숲에 빗물을 받아내고 있는
저 헤진 신발은 누구의 것이며
위령탑 유리관에 장작더미로 쌓인
셀 수 없는 육탈된 백골은 누구인가

붉은 크메르가 남겨 놓은 킬링필드여
한 순간 붉은 깃발에 반세기도 넘게
뒷걸음쳐 버린 오늘의 너
지난 슬픔의 무게보다
남겨진 가난의 무게가 더 무겁구나.

피라미드 기행

아득한 사막의 지평선에
목이 쉰 낙타의 울음이 걸려 있다

모래 위에 영혼의 집
카트, 카프레, 멘카우레의 무덤

나일 강이 마른다 해도 불멸일 피라미드는
집 잃은 미라가 돌아오기를 기다리고
이승에서 저승으로 노를 저어 간다는
태양나룻배는 지금도
사공만 기다리는가

날짐승도 날지 못한 갈증의 열기에서
헤라클레스의 열두 노역보다 가망 없는
무덤의 역사(役事)로 흘린 땀
지금도 강물 되어 흐르는가

이백삼십오만여 개의 바윗돌
하늘 따라 올려놓은 무덤이 아닌 태산

어머! 한 마디, 그저 바라만 보는데
태양에 익은 모래바람이 등을 떠민다

어디로 가는지
이정표 없는 모래톱을 찍고 가는 낙타의 발자국엔
신트림이 묻어 점점이 멀어져 가고.

아이올로스

동해 바닷바람을 다 불러모은 걸까
설악의 주전골이 흔들린다
급물살 계곡의 물 소리도
성국사 불경 소리마저 바람소리에 단절이다

아마도 아이올로스*의 보따리가 풀린 걸까
조릿대 이파리 서걱이다 못해 찢겨 울고
벼랑 난간에 의지할 곳 없는 솔들의 경기
추색 짙은 단풍잎은 뱅뱅이를 쳐도
바람은 모질게도 하루 종일 날을 세운다

단풍놀이 인파도 썰물처럼 빠져 나가고
갯벌처럼 어둠이 내리는 심곡
막차도 오지 않은 간이 정류장엔
구르는 낙엽과 그리고 나

희미한 민박집 불빛이
길을 잃은 바람에 흔들린다.

* 아이올로스 : 바람의 신.

고개 넘은 아리랑

아리랑 아리랑
재를 넘는 선머슴 빈 지겟다리 두드리는 중모리 가락
아낙들의 치마 저고리에 젖고 젖은 가락이
한(恨)도 애(哀)도 사랑까지 아우르는 하나된 노래로
먼 먼 역사를 엎고 왔다

때로는 어깨 들썩이는 신명의 자진모리로
때로는 애간장 타는 중모리로
흔들리는 국운 속에서도 쇠함 없이 이어온 가락

아라리 아라리요
눈물샘 자극하는 무공해 눈물 아리랑
쓰린 가슴 치유해 주는 진통 알약 아리랑
이 민족 뼈와 핏속 동질의 디엔에이가
반도를 넘어 세계의 고개를 넘어갔다
위대한 우리의 넋 인류 무형유산이 되어.

판문점

JSA 공동경비구역
신록의 잎새도
바람 끝에 홀로 핀 들꽃도 한 뿌린데
손 내밀면 닿을 듯 지척인
자유의 집과 판문각은 왜 그리도 먼가

비목에 씌워진 철모는 세월에 녹아 흙이 되고
달리고 싶은 철마는 녹슬어 울지 못하는데
손바닥만한 군사분계선 표지판에 흐르는
저 물은 섯물인가 눈물인가

아픔도 통한도 쉬이 풀어 줄 것 같던 그 이름
돌아오지 않은 다리여
흩어진 포로들의 발자국을 품고
풀숲에 누워 뉘 소식에 귀를 열고 있는가

깊은 철모에 검은 안경을 쓰고
바람도 가를 듯 칼날 세운 경비 복장으로
고단한 반도의 허리를 지키는

미동 없는 그 위용에 당신이 마네킹인 줄 알았네

푸르러 흐르는 압록강 두만강까지
소망의 기폭을 휘날리는
대성동 자유마을 드높은 국기게양대여
반세기가 넘어 팔도 절이겠지만 어쩌랴
눈비에 찢겨도 어쩌랴
남북은 한 뿌리인 것을.

어느 결혼식에서

새 열차를 바꿔 타고 떠나야 할 시간
낳아 준 정
길러 준 정
못 잊어
두 촛불 눈물 흘린다

살다 보면 살아 보면 부모가 되다 보면
속마음 더 깊이 아는 것이려니
이제 가거라
어서 가거라
돌아보지 말고 가거라

새 둥지 찾아 나래 펴는 한 쌍의 원앙이여
이제 한 몸 되었으니
갈대처럼 혼자 속으로만 조용히 울지 말고
희망을 위한 절망도 있으려니
아픔도
서러움도
외로움도 서로 보듬어 가는 동반자 되어
긴 노정 탐스런 꽃을 피워라.

허수아비

휘이휘이 목청 높여 새 떼 쫓는 소리도 없고
깡통 매달아 흔들어대는 아이도 없는데
허수아비조차 떠나 버린 고향 들녘

길조라는 까치는 사과 배 쪼아 놓고
멧돼지 고라니는 밭곡식을 분탕질해 놓고

내 누님 따라 도시로 간 허수아비
이제는 양장을 하고 짙은 화장기에
도시의 풍물이 되어 돌아올 줄 모르네.

만남

그때 그 사람
불곡산 한 줄기 바람을 보듬고
별 고을 관아의 뜨락에 서 있다

비바람 장맛비에 논밭둑 붙잡고
가뭄에 타들어 가는 들녘
애간장 녹이던 먼 뒤안길
인연의 그 사람

세월의 강 무심히 흐르고
허망이 뚫려 버린 내 가슴에
그가 서 있다

천성의 인애로 피워 낸 들꽃으로
모진 비바람 이겨 낸 거목이 되어
당신이 지키고 있는 고을은
더 맑고 밝은 빛이어라

내 일인 양 기쁨의 날

봄볕은 익어 가고
백가주*에 띄운 정(情)
볕고을 민심도 익어 가누나.

* 백가주 : 양주의 전통 청주.

산을 찾는 이유

강물은 흐르고 산은 거기에 있다
흰구름 아래 멀리 회색빛 실루엣 모습
산은 언제나 나를 손짓 없이도 부른다

내가 산을 찾는 이유
타오르는 철쭉의 장관을 탐해서도 아니요
산새 소리 잠긴 여울에 탁족을 즐기려 함도 아니요
산마루 넘어 소소한 바람이나
곱디고운 단풍에 취하려 함도 아니요
억새꽃 흩날림이나 설원을 보려 함이 아니요
강물은 흐르지만 산은 거기 있고
산은 언제나 나를 손짓 없이도 부르기 때문.

후회

생전에 손발 한 번 씻어 드리지 못한
어머니
평생 살가운 정 하나 드리지 못한
아버지
떠나신 세월만큼 가신 길 하도 멀어
꿈 속에도 뵐 수 없는 무정함이여

두견새 우는 고향 산마루 철쭉은 만발한데
부모님 삭은 뼈 두 손에 받쳐 들고
울어도 불러도
청솔가지에 이는 저 무심한 바람소리뿐
극락길 빌어 보는 눈물 젖은 소지만
유마사 용마루를 훠이훠이 넘누나.

* 유마사 : 전남 화순 남면 모후산 자락에 위치한 사찰.

오대산 진고개

영동과 영서의 갈림길 진고개는
4월이 되도 침묵이다

산마루에 머물다 간 화전민 독거촌엔
바람만 살고
반세기도 더 지난 세월
그 지글대던 총탄에 주검이 된 병사들
이름도 없이 비목의 풀숲에 누워
고갯마루 전적비만 바라보는데
육탈된 이름 모를 병사의 다리뼈가
불쑥 일어나듯 자작나무는 희고

오대산은 늙을 줄도 모르는가?
나무만 세월을 먹는구나.

뒷골목 카페에서

잊히지 않은 인연을
그리움이란 물감으로 덧칠하는
방학역 뒷골목

마음잡지 못해 내가 미운 내 마음은
올올이 풀어져 버린 청바지 단
한 땀 한 땀 애써 추슬러 봐도
생채기만 너덜너덜

에돌아 담담한 척 타는 연정
내 가슴에 부어 준 마지막 술잔엔
아픔만 출렁이는데

일상의 조바심에 비워야 할 시간
뒷골목 카페 네온 불은 깜박이고
아쉬움 뿌려 놓고 멀어져 간 사람
어둠에 젖은 가로수로 멈춰서 있다.

첫사랑 네팔리

가녀린 팔을 뻗어 난간에 핀 풀꽃 한 송이를 꺾어
내 손에 꼭 쥐어 준 아이
비탈 숲길 내려오다 우연히 만난 그 소녀
오목한 눈 까만 눈동자를 굴리며
내 이름을 묻는다

어디서 왔느냐고
야릿한 몸매 보드라운 입술로
어디 사느냐고 묻는다

바위틈 꽃을 보면 꺾어 주지 못해 맘 쓰는 소녀
또렷또렷 바람 끝 풀잎처럼 혀를 굴리며
저 같은 딸이 있느냐
딸은 어디에 사느냐고 묻는다

혹 알아듣지 못할까 봐 귀를 입술에 대면
산허리 집 뜰에 노니는 병아리 떼
염소 새끼를 가리키며 네팔어로 무엇이냐고 묻는다.

예쁘디예쁜 소녀
앞에 가는 당신의 아내 이름은 무어냐고 또 묻는다
성은 김이요 이름은 SR이라고 하니
참 예쁜 이름이라 한다

험한 산길 다 하고 헤어짐이 다가오고
아쉬움 떨치지 못해 손을 놓지 못한 소녀
아직도 물어 볼 말이 많은 소녀
잘 가라고 잘 가라고
몇 번이나 반복된 악수 천진스런 포옹
해는 기울어 가고
손을 흔들며 멀어져 간다
자꾸만 뒤돌아보며 흔드는 손수건조차 멀어진다

사진이라도 한 장 찍어 놓을 걸!
오늘 밤 그 소녀가 꿈에 보일까
요정 같은 소녀의 이름이라도 적어 놓을 것을.

카트만두의 밤

나는 꽤 높은 곳에서 살고 있습니다
안나프르나 산바람에 씻긴 달빛 아래
개가 짖고
닭이 울고
수선화가 웃고
그래서 외롭지만 외롭지 않습니다

나는 꽤 높은 곳에서 살고 있습니다
히말라야 산들과 함께
에베레스트 산바람에 씻긴
총총한 별들을 바라보는 골짜기에서
그래서 어둡지만 어둡지 않습니다.

5

간구

당신의 모습을 볼 수 없어
십자가를 어루만지고
당신의 음성 들을 수 없어
말씀을 읽고
당신을 만져 볼 수 없어
눈물로 찬송합니다

당신이 높이 계신다기에
밤하늘 구름을 헤쳐 별들을 보고
당신은 낮은 곳에도 임하신다기에
가녀린 풀잎에 입맞춤을 해 봅니다

보이는 것만 있는 것이 아니요
보이지 않는다고 없는 것이 아님을
알게 하신 당신

나 같은 죄인 몹쓸 죄
피로 희게 대속해 주신 당신

당신의 사랑을 사랑합니다.

새벽 길

나를 택하신 주님 은혜 감사합니다
어두운 새벽길 훤히 밝혀 주셔서
주님 앞에 나선 길 쉬이 가게 하소서

주님 모습 뵈려고 어렵게 뜬눈
주님 말씀 들으려 어렵게 연 귀
쾌히 맑고 청결하게 하여 주소서

얼어붙은 입술도 풀어 주시고
막힌 가슴 뚫어 기도하게 하시며
정결한 마음으로 찬송하게 하소서.

오직 당신뿐

은혜로 덮어 주소서
은총으로 씻어 주소서

잊으려 해도
지우려 해도
문신처럼 또렷이 살아나는
내 영혼에 주홍빛 얼룩

양보다
눈보다 희게 하여 주실 분
오직 당신 한 분뿐.

밉거나 괴로울 때

미워하지 말아요, 미워하려면
당신의 마음이 먼저 상하니까요

괴로워하지 말아요, 괴로우려면
당신의 가슴이 먼저 아프니까요

그래도 미워서 미워해야 한다면
그래도 괴로워서 괴로워해야 한다면

당신의 가슴에
용서의 나무 한 그루 심으세요
계절도 가림 없이 웃음꽃 필 테니까요.

꽃이고 싶다

향기 있는 꽃이고 싶다
누구에게나 주는 미소
그래서 꽃이고 싶다
깊은 산 숨어서 피면 어떻고
논밭둑에 지천인
코딱지나물 꽃이면 어떠랴
이슬에 피었다가
바람에 웃다가
욕심 없이 스러지는
그래서 환한 영혼이고 싶다.

용서의 기도

7×10×7번은 너무 많아요
일곱 번도 많아요
단 한 번만이라도 가슴에서 치솟는 용서
하게 우리를 붙잡아 매소서!

사랑의 주님!
간절히 소원합니다

'하늘을 두루마리 삼고 바다를 먹물 삼아도
한없는 하나님의 사랑 다 기록할 수 없겠네.'

* 그 크신 하나님의 사랑 찬송 304장 인용.

주님성전 평안교회

주님의 존귀하심은 온 누리 가득한 영광의 빛
님께서 주신 한없고 끝없는 은혜로
성령의 등불 따라 천국 본향 바라보며
전도로 선교로 내가 멍에 대신하리라

평생 외줄기 믿음으로 주 오시는 날까지
안개꽃 속살 하얀 소망 가슴에 담고 담아
교만일랑 벗어 놓고 사랑으로 미움 덮고
회개하며 경배하는 굳건한 시온성이 되리라.

서로가 알면서도

멀리가면 갈수록 돌아올 길
멀어진다는 것 모를까마는
멀어지면 멀어진 만큼
되돌아오는 시간도 오래라는 것
알면서도
너는 너대로 나는 나대로
가 버린 길이 너무 멀구나

곁에 있어도 보고 싶었던 그 마음은
사랑인가?
애정인가?
아니면 생리인가?

무거운 공간

까치집보다 높은 아파트
눈썹 위에 달이 걸리고
별빛은 초롱초롱해서 좋은가

승강기는 사백여든 계단을
층수 버튼 따라 띠옹띠옹 오르내린다
90m/min 속도로

승강기 속도 때문에
인사할 시간이 없나요?

옷깃은 닿아도
눈맞춤의 버거움은 벽으로 피하는 공간
낯설기 때문인가요?

칸막이 하나를 두고
가까워도 아주 먼 이웃
늘 마주해도 먼 이방인으로 스쳐야 하는 무게
사사로움 때문인가요?

앞집 돌담에 호박덩굴이 아침이슬을 털고
뒷집 감나무에서 홍시 떨어지는 소리
싸리문 넘어 옆집 누나들 눈맞은 웃음
간밤 회색빛 실루엣 몇 컷
허공에서 나는 다디단 꿈을 꾸었다

승강기 벽에 붙은 인사하기 안내문만 무색하다.

청부시위

도심 출근길 위에 풀어 놓은 소 떼
원유(原油) 값은 날 새면 오르고
원유(原乳) 값은 몇 해 동안 묶이고
주인 대신 붉은 띠를 두르고
출근길은 난장판
생우유로 아스팔트를 적시는 아침
굿모닝이라 할 수 없다.

| 작품해설 |

향수와 자연서정의 화해와 진실

| 작품해설 |

향수와 자연서정의 화해와 진실

김송배
(시인 · 한국문인협회 부이사장)

1. 계절과 자연의 융합 그 서정시학

우리 현대시의 소재는 대체로 만유(萬有)의 자연에서 취택(取擇)하는 특성을 엿볼 수 있는데, 이는 우리 주변에 산자수명(山紫水明)한 풍광(風光)이 지천으로 널려 있어서 시인이 착목(着目)하는 자리에는 반드시 시적 소재로 등장할 만한 사물이 생명력을 발휘하고 있음을 간과(看過)하지 못하기 때문이다.

이러한 자연에 대한 이미지는 시간과 공간 개념에 따라서 다양하게 변전하는 현상을 목도(目睹)하게 되는데, 이는 우리 시인들에게서는 더욱 깊은 사유(思惟)를 요구하게 되고 광범위의 사색(思索)을 접목시켜서 새로운 시법의 주제와 연결하는 작용을 하게 된다.

우리 시인들이 자연과 융합하면서 시적으로 형상화하는 것은 시인이 자연과 동화(同化-assimilation)해서 자연을 자신 속으로 끌어와서 그것을 내적인 인격화하거나 반대로 시인이란 정체가 없기 때문에 자연 속에 자신을 상상적으로 투여하는 투사(投射-

project)의 원리가 적용되는 경우를 현대시론에서 많이 주장하고 있다.

이것을 우리는 감상적 오류(誤謬)라고 하는데 자연의 인격화라는 친자연의 상황을 시적으로 해석하고 시적으로 융합하는 시법(詩法)이 오래 전부터 현대시에 적용되고 있어서 우리 시인들도 자주 응용하는 것으로 나타나고 있다.

여기 정홍도 시인이 상재하는 시집 『가을이 오면 언제나』를 일별하면서 그의 자연관이나 친자연에의 시적 대상에 대한 자신의 감정을 이입하고 공감함으로써 아름다움이 성립되는 감정 이입(感情移入-fintuhlung)의 시법을 이해할 수 있었다.

늦가을 달개비꽃 하늘빛 따라 짙어지고
가로수 이파리 커피 냄새 짙어지면
애틋한 귀뚜리 울음 하얀 달빛에 젖는다

창문 덜걱이는 소슬바람 일라치면
주마등처럼 스치는 뒤안길 내 사연
무심히 뜯어낸 손거스러미처럼 아리다.

우선 이 시집의 표제시가 되는 「가을이 오면 언제나」 전문에서 감지(感知)할 수 있는 것은 가을이라는 계절적인 시간성에서 창출하는 이미지들이 시각(視覺- '늦가을 달개비꽃 하늘빛 따라 짙어지고')과 후각(嗅覺- '커피 냄새 짙어지면'), 청각(聽覺- '애틋한 귀뚜리 울음') 그리고 촉각(觸覺- '손거스러미처럼 아리다.') 등등의 모든 이미지가 복합적으로 이루어진 공감각(共感覺)의 형태로 작품이 구성되어 있다.

이러한 시법은 시조풍의 운율 중심으로 그 구도를 형성하지만, 가을이라는 시간성과 그 시간에 형성되는 다양한 자연의 조화(調和)가 잘 발현되고 있어서 정홍도 시인이 의도하는 서정시학의 근원을 설정하는 중요한 응시(凝視)의 결과로 나타나고 있는 것이다.

여린 봄볕에 풀씨 깨어나
연초록 바람으로 일어나면
나른한 아지랑이 논둑 따라 하늘하늘

찰랑이는 논물에
소리도 없이 찾아온 물방개
하루 종일 동그라미만 그리고
긴 다리 소금쟁이는
물 위에 떠가는 흰 구름만 좇누나.

—「봄날에는」 전문

구절초 마지막 향기도 시들고
이미 어둠 내린 숲속 길
가을비에 젖은 낙엽은 허허롭고

소슬바람에 내 가슴 휑한 구멍
커질수록 나는 작아지고

영혼의 울음소리는 커져만 간다
이 늦가을 밤에.

—「산장에서」 전문

이 두 작품에서는 봄과 늦가을에서 탐색하는 정홍도 시인의 서정적인 사유가 이 시간에 따라서 다변화(多變化)하는 의식의 흐름을 이해하게 되는데, 이는 그가 취택하는 자연 상관물에서 생성하는 조화를 읽을 수 있기 때문이다.

그는 봄에서는 '여린 봄볕'과 '연초록 바람', 그리고 '나른한 아지랑이' 등등의 현상이 시적인 상황 전개를 위해서 동원된 자연의 정취(情趣)인데, 거기에는 '찰랑이는 논물에'서 관찰되는 '물방개'와 '소금쟁이' 등이 '떠가는 흰구름만 쫓'고 있는 정경이 그의 서정시학에 그 위의(威儀)와 본령(本領)으로 조화를 이루고 있다.

다시 늦가을 '구절초 마지막 향기'와 '가을비에 젖은 낙엽'이라는 이미지가 결합해서 '늦가을 밤'을 수놓고 있다. 이처럼 정홍도 시인은 계절과 자연의 융합으로 서정적인 시학을 정리하고 있다.

이러한 작품은 「봄나들이」「봄이 오려나」「계절의 문턱」 등에서 그가 구현하려는 시적 진실을 구도적으로 잘 현현하고 있어서 그의 시학은 우리들 공감 확대의 효과를 나타내고 있다.

2. '환한 영혼이고 싶'은 서정성 탐색

정홍도 시인의 시적 서정성은 계속된다. 자연 속에 공존하는 식물들을 찾아나서는 현장에서 자신의 잔잔한 미소로 음미(吟味)하는 시법을 즐겨 쓰고 있다. 이러한 현장은 산이나 바다 등 자연과 교감할 수 있으면 어디든지 상관하지 않는다.

향기 있는 꽃이고 싶다
누구에게나 주는 미소
그래서 꽃이고 싶다
깊은 산 숨어서 피면 어떻고
논밭둑에 지천인
코딱지나물 꽃이면 어떠랴
이슬에 피었다가
바람에 웃다가
욕심 없이 스러지는
그래서 환한 영혼이고 싶다.

—「꽃이고 싶다」 전문

이 작품에서는 먼저 '향기 있는 꽃이고 싶다'는 여망(輿望)의 상황을 설정하고 결론으로 '환한 영혼이고 싶다.'는 자신의 소망을 현현하고 있다. 이것은 정홍도 시인의 간구(懇求)이며 기원이다. 또한 그는 '깊은 산 숨어서 피면 어'떠나고 묻고 있다. 그리고 '이슬에 피었다가/ 바람에 웃다가/ 욕심 없이 스러지는' 무욕(無慾)의 영혼을 갈구(渴求)하고 있는 것이다.

수평선 자락에 떠 있는 섬 하나
저 멀리 어슴푸레 섬 둘
찰싹찰싹 저미는 밀물은

먼 바다 소식으로 갯벌을 덮고
서녘 노을에 젖은 물살
동백꽃보다 짙누나

바닷새 어디로 가고
홀로 걷는 장경리 해변
빈 발자국만 나를 따라오고
모래사장에 새겨 놓은 그리움 하나
파도는 차마 지우지 못해
뒷걸음만 치누나.

—「여기는 영흥도 해변」 전문

이 작품은 실재(實在)하는 영흥도 현장에서의 상황이 안온한 운율로 노래하듯이 전해지고 있어서 우리 서정시의 진면목을 일별할 수 있게 한다. 그는 '수평선'과 '섬'과 '밀물', '갯벌', '저녁 노을', '동백꽃', '바닷새', '모래사장' 그리고 '파도' 등이 시적인 정황으로 설정되어 이러한 시적 대상에서 '그리움'이라는 이미지를 창조해 내는 시법은 그가 구가(謳歌)하는 꽃처럼 '환한 영혼'이고 싶은 서정적 시법이다.

정홍도 시인은 이렇게 시적 대상이나 상황을 어떤 공간에서 파생하는 자연 산물(産物)에서 소재를 취택하고 거기에 자신의 정서를 투영하는 작품들을 많이 엿볼 수 있는데 '냇둑 따라 무리지은 달맞이꽃/ 수줍은 꽃잎 위에/ 달빛이 노랗게 부서지고/ 냇물은 소곤소곤/ 조약돌 핥은 소리/ 별 하나 내려와 출렁인다.'(「냇가」중에서)거나 '절벽 난간 잡고 피워 낸/ 보랏빛 한 송이 도라지꽃이/ 매미 소리 마지막 기승에 온몸을 떠는데/ 화양구곡(九曲) 반석 위에/ 노을에 젖은 금비늘 물살/ 여울목을 휘저어 어디로 가나'(「화양계곡」 중에서)라는 어조에서 알 수 있듯이 거기에서 특이한 점은 '냇가'와 '화양계곡'이라는 공간에서도 어김없이 '달맞이꽃'과 '도라지꽃'이 등장하여 꽃과 사물의 접맥(接脈)을 통한 미학(美學)의 경지를 여망하고 있다고 할 수 있다.

그는 다시 '잊지 못해 찾아온 섬마을/ 동백꽃 잎에 소복이 눈 내리는 밤/ 파도와 나눈 긴긴 이야기/ 눈을 뜬 아침에야 꿈인 줄 알았네.'(「섬마을에서」 중에서)와 같이 '섬마을'과 '동백꽃'의 조화를 이룬 풍광에서 우리는 무엇인가 '파도와 나눈 긴긴 이야기'를 상상할 수 있게 한다.

강물은 흐르고 산은 거기에 있다
흰구름 아래 멀리 회색빛 실루엣 모습
산은 언제나 나를 손짓 없이도 부른다

내가 산을 찾는 이유
타오르는 철쭉의 장관을 탐해서도 아니요
산새 소리 잠긴 여울에 탁족을 즐기려함도 아니요
산마루 넘어 소소한 바람이나
곱디고운 단풍에 취하려함도 아니요
억새꽃 흩날림이나 설원을 보려함이 아니요
강물은 흐르지만 산은 거기 있고

산은 언제나 나를 손짓 없이도 부르기 때문.

이 작품 「산을 찾는 이유」 전문에서 감지할 수 있듯이 여기서도 '철쭉의 장관'과 '산새 소리'와 '곱디고운 단풍'과 '억새꽃 흩날림' 그리고 '설원'이라는 식물성 서정에 심취해 있다. 이것이 바로 '산은 언제나 나를 손짓 없이도 부르기 때문'이라는 단정으로 그 이유를 대신하고 있다.

이 밖에도 작품 「붓꽃」 「오대산 진 고개」 「알밤 하나 줍다가」 「해안 따라 걷는 길」 등에서 서정의 멋을 탐색하고 있어서 그가 탐구하고 구현하려는 인간들의 평정심(平靜心)을 분사하고 있다.

3. 향수와 사친(思親), 그리움의 미학

정홍도 시인은 이러한 서정성을 심저(心底)에 기반을 닦아 놓고 이젠 그리움의 미학을 탐색하고 있다. 이 그리움의 진원지나 시적인 원류는 대체로 향수나 사친에서 재생된 상상력이 주종(主從)을 이루는 것이 통상적이며 보편적인 개념이다.

우리 인간들에게는 모두가 고향과 부모를 그리워하는 속성이 있다. 이는 부모의 그리움이 곧 고향과 대칭적으로 융합하면서 불가분의 관계에 있기 때문이다. 작품 「신작로」 전문에서 '어머니 밭일 가시던 질경이만 밟힌 길/ 아버지 논일 가시던 띠풀만 무성한 길/ 산딸기 덤불에 뱀이 나오던 내 유년의 길// 그 농로(農路)는/ 풀 짐을 지고 나뭇짐을 지고/ 소를 앞세워 쟁기를 지고/ 오일 장날 한잔 술에 석양을 지고 돌아오던 길이였지// 이제와/ 아스팔트에 묻혀 버린 그 옛길/ 가슴에 맴도는 것은 왜일까.'라는 절규 같은 어조는 더욱 그리움의 향수로 고조(高調)되고 있다.

생전에 손발 한 번 씻어 드리지 못한
어머니
평생 살가운 정 하나 드리지 못한
아버지
떠나신 세월만큼 가신 길 하도 멀어
꿈 속에도 뵐 수 없는 무정함이여

두견새 우는 고향 산마루 철쭉은 만발한데
부모님 삭은 뼈 두 손에 받쳐들고
울어도 불러도
청솔가지에 이는 저 무심한 바람소리뿐
극락길 빌어 보는 눈물 젖은 소지만
유마사 용마루를 훠이훠이 넘누나.

—「후회」 전문

여기에서 우리는 아버지와 어머니가 '떠나신 세월만큼 가신 길 하도 멀어/ 꿈 속에도 뵐 수 없는 무정함'이 그리움의 원천(源泉)으로 흐르고 있음을 알 수 있다. 이 '고향 산마루 철쭉'과 '부모님 삭은 뼈'가 시적으로 대입하면서 우러나는 그리움은 그만의 한(恨)으로 적시되고 있는 것이다.

또한 그가 재생한 그 정경에는 '두견새 우는 고향 산마루 철쭉'과 '청솔가지에 이는 저 무심한 바람소리'라는 시각과 청각적인 이미지를 동시에 상기(想起)함으로써 거기에 적시한 '극락길 빌어 보는 눈물 젖은 소지만/ 유마사 용마루를 훠이훠이 넘'고 있어서 그의 향수에서 동반하는 부모님과의 그리움이 우리의 공감대를 더욱 흡인시키고 있다.

이러한 그의 그리움은 '수평선 자락에 먼동이 트기 전/ 정화수 사발에 출렁이는 어머니의 치성/ 그 정성이/ 고기잡이 나가 불귀가 된 아버지를 위한/ 청승인 줄로만 알았고// 수평선에 해 떨어지고 달이 오르면/ 장독대 위에 촛불을 켜고/ 두 손을 모으시는 어머니의 치성/ 그것이 등대지기 아들을 위한 정성인 줄을 몰랐습니다' (「바다와 어머니」 중에서)는 어조로 부모님의 사랑과 정성을 애달프게 현현하고 있다.

누리에 고운 빛
쪽빛 나래 남쪽 바다
너 없이는 나도 없을 붉은 입술 동백꽃
언제나 따사로워 그리운 내 고향

진남관 용마루에 서린 충무의 넋
오늘도 망해루 넘어 바다 지키고
섬과 뭍이 손잡는 돌산대교는
먼 바다 소식에 가슴 설렌다.

서녘에 해는 저물어
오동도 등대 이마에 불 밝히면

항구의 가로등 불빛 바다에 눕고
향일암 종 소리에 꿈꾸는 내 고향.

―「내 고향 연가」 중에서

그렇다. 정홍도 시인의 뇌리(腦裏)에는 그의 고향의식이 남다르게 각인(刻印)되어 있는 듯하다. 이는 그가 적시하는 동백꽃과 진남관, 망해루, 돌산대교, 오동도, 향일암 등의 시적 대상물은 '먼 바다 소식에 가슴 설' 레는 그의 그리움으로 간직되고 있다.

또한 '무심한 세월에 고향마을은 낯설고/ 굽이굽이 푸르던 앞냇물/ 뛰놀던 은어 떼는 어디 가고/ 무성한 수초만 바람에 흐르는데/ 물잠자리 한 마리 맴을 돈다.' (「빈 산촌」 중에서)거나, '사라진 자운영이 다시 찾아와/ 진달래 꽃물로 일렁일 줄이야/ 꽃잎에 맺힌 선혈의 빛깔이/ 잔잔한 너울 되어/ 고향 나그네 그리 반길 줄 몰랐다.' (「나그네 되어」 중에서)는 등의 어조는 '무심히 흘러 버린 세월' 과 더불어 향수의 정감을 발현하고 있다.

정홍도 시인의 향수는 이 밖에도 작품 「산촌 들녘」 「민속마을 앞에 서면」 「장독대」에서 부모의 정한(情恨)을, 작품 「지금은 다 무얼 하는고」 「고향친구」 「상수리 한 알」 「허수아비」 등에서 고향을 형상화하는 그리움으로 현현되어서 그의 시적 진실이 무엇인가를 진솔하게 보여 주고 있다.

4. 기행체험의 형상화와 새로운 시법

정홍도 시인은 보편성을 일탈(逸脫)한 지향적인 삶을 위한 시도를 많이 하고 있다. 여행이다. 해외여행을 통해서 우리의 풍습과

다른 제3의 세계를 체험하는가 하면, 거기에서 파생하는 지구촌 인간들의 삶을 조명(照明)하는 현장 감응을 전해 주고 있다.

우선 그는 기행체험을 통해서 직접적인 현장과의 동화로 그곳의 풍물들이 형상화하는 시적 진실을 이해하게 되는 좋은 계기를 마련하고 있다. 세계 각국을 여행하면서 느끼는 정감은 국내 여행과는 또다른 풍미(風味)가 있다.

저리도 시린 달빛을 가슴에 심어 본 적이 없습니다.
바람이 저 달을 닦아서가 아니라
내가 구름 위에 살고 있기 때문입니다

달빛에도 풀잎이 눕는 줄은 몰랐습니다
나뭇잎은 나뭇잎끼리 더 짙은 윤기를 발하고
꽃들은 달빛에 젖어 요염한 밤을 수놓고 있습니다

—「히말라야를 넘는 달」 중에서

발 한 짝 딛고 설 내 뭍이 없어
호수가 고향이요
무덤이 호수인 수상마을 사람들
너울이 등을 밀어도 물 위에 등을 눕히고
이 밤도 호수에 내려온 별을 줍는다

—「물 위에 사는 사람들」 중에서

플라멩코는

모퉁이 돌아가는 가눌 수 없는
바람꽃이다
샹그리아 와인에 피어나는 정열이다
갈색 젖가슴에 흐르는 땀줄기에
무희의 물방울 드레스가 함초롬 젖는
비바람 꽃이다

—「플라멩코」 중에서

이 세 편의 작품에서 음미할 수 있는 것은 일반 기행시에서 시도하는 지리적인 안내와 설명을 완전히 배제하고 이국(異國)에서 직접 관념으로 체험한 정감을 통한 정서를 발현하는 독특한 시법으로 작품을 완성하고 있다.

우선 '히말라야' 라는 이국 정서에는 '달' 이 동반하면서 바람과 구름 혹은 나뭇잎과의 교감은 히말라야의 시적인 풍광을 더욱 감미롭게 장식하고 있어서 여행의 진미(珍味)를 느낄 수가 있다.

또한 캄보디아의 호수 톤레삽에서 '물 위에 사는 사람들' 은 '호수가 고향이요/ 무덤이 호수인 수상마을 사람들' 의 애환이 서려 있는 정경에서도 그들은 '이 밤도 호수에 내려온 별을 줍는다.' 는 서정적인 시적 언어를 구사하는 작품이다.

다음은 스페인 남부 여행에서 착목한 「플라멩코」에서는 무희들을 '바람꽃' 이라는 비유로서 현장의 감응을 현현하고 있어서 그가 체험한 여정(旅情)에서 작품으로 형상화하는 좋은 소재가 되고 있음을 알 수 있다.

그는 작품 「피라미드 기행」 중에서 '나일 강이 마른다 해도 불멸일 피라미드는/ 집 잃은 미라가 돌아오기를 기다리고/ 이승에서 저승으로 노를 저어 간다는/ 태양나룻배는 지금도/ 사공만 기다리는가.'라거나, 작품 「앙코르 사원 가는 길」 중에서 '붉은 크메르가 남겨 놓은 킬링필드여/ 한순간 붉은 깃발에 반세기도 넘게/ 뒷걸음쳐 버린 오늘의 너/ 지난 슬픔의 무게보다/ 남겨진 가난의 무게가 더 무겁구나.'라는 어조가 바로 여행의 묘미를 확인시켜 주면서 그가 평소에 간직한 순정적인 정서가 시적으로 용해(溶解)되고 있는 것이다.

이 밖에도 '나는 꽤 높은 곳에서 살고 있습니다/ 히말라야 산들과 함께/ 에베레스트 산바람에 씻긴/ 총총한 별들을 바라보는 골짜기에서/ 그래서 어둡지만 어둡지 않습니다.' (「카트만두의 밤」 중에서)라거나, '가녀린 팔을 뻗어 난간에 핀 풀꽃 한 송이를 꺾어/ 내 손에 꼭 쥐어 준 아이/ 비탈 숲길 내려오다 우연히 만난 그 소녀/ 오목한 눈 까만 눈동자를 굴리며/ 내 이름을 묻는다.' (「첫사랑 네팔리」 중에서)는 여행의 현장감은 시적인 효과를 높이는 최상의 시법이라고 할 수 있다.

정홍도 시인은 지금까지 보아 온 향수와 그 자연서정의 화해를 통해서 계절과 융합하는 서정시학의 탐색과 다수의 꽃을 감상하면서 창출한 서정성 그리고 진한 향수와 부모의 사친에서 포괄하는 그리움이 그의 시학을 형성하는 서정시인임을 확인하게 된다.

그는 이러한 서정성 외에도 그가 간절한 신앙심이 발흥(發興)하는 신앙 지향의 작품들도 다수 보이지만, 이는 신앙에 관한 작품을 따로 모아서 신앙시집으로 엮으면 한결 그 시적 효과를 발휘할 수 있을 것으로 생각된다.

이와 같은 작품에는 「간구」 「새벽길」 「오직 당신뿐」 「밉거나 괴로울 때」 「용서의 기도」 「주님 성전 평안교회」 등에서 시적으로 승화하면서 그가 지향하는 신심(信心)의 근원을 이루고 있음을 이해하게 된다.

그는 '나 같은 죄인 몹쓸 죄/ 피로 희게 대속해 주신 당신// 당신의 사랑을 사랑합니다.'라는 기독교적인 시혼(詩魂)이 그의 내면에서 숙성되고 있어서 우리 시인들이 갈구하는 인본주의 정신의 구현에 크게 이바지하고 있는 것이다.

그는 이미 '시인의 말'에서 언급했듯이 '내가 시를 외면했는가!/ 시가 나를 배신했는가!/ 기울어져 가는 서녘의 노을을 바라보는 나그네의 독백이/ 빈 나뭇가지에 걸린 달빛처럼 처연하다/ 세상과 삶의 질곡에서 벗어나지 못한 채 말라 버린 심상(心想)/ 누가 알아 줄까마는 오랜 절필의 시간이 흐르고/ 어디서 불어오는 바람인가/ 그 바람이 시작 노트를 넘기고 나는 키질을 했다'라고 진솔한 심정으로 이 시집을 장식하고 있어서 그의 정서나 사유의 지향점은 인생과 자연의 융합에서 탐색하는 순수한 서정을 근간(根幹)으로 한다는 점을 간과할 수 없을 것이다.

그러나 우리의 시인 조지훈이 말했듯이 시란 지(知)정(情)의(意)가 합일된 그 무엇을 통하여 최초의 생명의 진실한 아름다움을 영원의 순간에 직관적으로 포착하여 이를 형상화하는 것이라는 명언을 기억해야 한다. 이는 작품 속에 명징하게 용해된 정감의 진실이 지적이면서도 그 의지의 함량이 얼마인가를 가늠하는 척도에서 시를 해석하고 공감하는 지적 자양이 될 것이기 때문이다.

정홍도 시집_ 가을이 오면 언제나

초판 인쇄 | 2014년 12월 1일
초판 발행 | 2014년 12월 5일

지 은 이 | 정홍도
발 행 인 | 정종명
편집국장 | 차윤옥

펴낸곳 | 사단법인 한국문인협회 月刊文學 출판부
주소 | 서울시 양천구 목동서로 225 대한민국예술인센터 1017호
전화 | 02-744-8046~7
팩스 | 02-743-5174
이메일 | klwa95@hanmail.net
등록 | 2011년 3월 11일 제2011-000081호
ISBN 978-89-6138-289-2 03810

값 10,000원